¿Qué puede correr?

Patricia Whitehouse

Traducción de Patricia Abello

Heinemann Library
Chicago, Illinois

Designed by Sue Emerson, Heinemann Library; Page layout by Que-Net Media™
Printed and bound in the U.S.A. by Lake Book Manufacturing
Photo research by Bill Broyles

08 07 06 05 04
10 9 8 7 6 5 4 3 2 1

Library of Congress Cataloging-in-Publication Data
Whitehouse, Patricia, 1958-
    [What can run? Spanish]
    ¿Qué puede correr? / Patricia Whitehouse; traducción de Patricia Abello.
        p. cm. – (Qué puede?)
    Includes index.
Summary: Introduces the principles of running and explores the insects, animals, people, and machines that can or cannot run.
    ISBN 1-4034-4387-4 (HC) – ISBN 1-4034-4394-7 (pbk.)
    1. Running—Juvenile literature. [1. Running. 2. Spanish language materials.] I. Title.
QP310.R85W4818 2003
573.7'91—dc21

2003051098

Acknowledgments
The author and publishers are grateful to the following for permission to reproduce copyright material:
p. 4 Mark Newman/Visuals Unlimited; p. 5 Andy Rouse/DRK Photo; pp. 6, 13 Michael Fogden/DRK Photo; p. 7 Darrell Gulin/DRK Photo; p. 8 Jeff Foott/DRK Photo; p. 9 John Cancalosi/DRK Photo; p. 10 James P. Rowan/DRK Photo; p. 11 Aneal Vohra/Index Stock Imagery; p. 12 Tom Brakefield/DRK Photo; p. 14 Dannielle Hayes/Bruce Coleman Inc.; p. 15 Joe McDonald/DRK Photo; p. 16 Joe McDonald/Visuals Unlimited; p. 17 Mickey Gibson/Oxford Scientific Films; pp. 18, 20 Corbis; p. 19 Christian Hoehn/Taxi/Getty Images; p. 21 AFP/Corbis; p. 22 (row 1, L-R) Kim Saar/Heinemann Library, Joe McDonald/DRK Photo, John Cancalosi/DRK Photo; (row 2, L-R) James P. Rowan/DRK Photo, Corbis, Aneal Vohra/Index Stock Imagery; p. 23 (column 1, T-B) Joe McDonald/DRK Photo, John Cancalosi/DRK Photo, Joe McDonald/DRK Photo; (column 2, T-B) Dannielle Hayes/Bruce Coleman Inc., Michael Fogden/DRK Photo; p. 24 (row 1, L-R) Joe McDonald/DRK Photo, John Cancalosi/DRK Photo, Corbis; (row 2, L-R) James P. Rowan/DRK Photo, Aneal Vohra/Index Stock Imagery; (row 3) Kim Saar/Heinemann Library; back cover (L-R) Tom Brakefield/DRK Photo, Joe McDonald/DRK Photo

Cover photograph by Darrell Gulin/DRK Photo

Every effort has been made to contact copyright holders of any material reproduced in this book. Any omissions will be rectified in subsequent printings if notice is given to the publisher.

Special thanks to our advisory panel for their help in the preparation of this book:

Anita Constantino
Literacy Specialist
Irving, TX

Leah Radinsky
Bilingual Teacher
Chicago, IL

Aurora García
Reading Specialist
San Antonio, TX

Ursula Sexton
Researcher, WestEd
San Ramon, CA

Unas palabras están en negrita, **así.**
Las encontrarás en el glosario en fotos de la página 23.

Contenido

¿Qué es correr? 4

¿Cómo corren los animales? 6

¿Pueden correr los pájaros? 8

¿Pueden correr las criaturas pequeñas? . . 10

¿Pueden correr los animales grandes? . . . 12

¿Pueden correr los lagartos? 14

¿Pueden correr los animales de cascos? . . 16

¿Pueden correr las máquinas? 18

¿Pueden correr las personas? 20

Prueba 22

Glosario en fotos 23

Nota a padres y maestros. 24

Respuestas de la prueba. 24

Índice 24

¿Qué es correr?

Correr es un modo de moverse.

Las criaturas que corren, se mueven por el suelo.

Las criaturas que corren se mueven muy rápido.

Usan mucha energía para correr.

¿Cómo corren los animales?

Los animales que corren usan las patas para impulsarse muy rápido del suelo.

Se impulsan tan fuerte, que las patas están en el aire.

Las patas vuelven a tocar el suelo.

Entonces se impulsan otra vez.

¿Pueden correr los pájaros?

Los correcaminos son pájaros que corren.

También pueden volar.

Los **emús** son pájaros que corren.

Pero son demasiado grandes
para volar.

¿Pueden correr las criaturas pequeñas?

Las cucarachas son insectos pequeños.

¡Corren más rápido que cualquier otro insecto!

Las ardillas son animales pequeños que corren.

Su cola tupida las ayuda a correr en sitios altos.

¿Pueden correr los animales grandes?

Los leopardos indios son gatos grandes y salvajes.

Corren más rápido que cualquier otro animal de la Tierra.

Los **perezosos** son animales grandes
y peludos que se cuelgan de
los árboles.

Los perezosos no pueden correr.

¿Pueden correr los lagartos?

Los **dragones de Komodo** son lagartos grandes.

Pueden correr muy rápido por el suelo.

Los **basiliscos** son lagartos pequeños.

¡Pueden correr muy rápido por el agua!

¿Pueden correr los animales de cascos?

cascos

Las cebras tienen **cascos**.

Pueden correr tan rápido como un carro.

cascos

Los camellos también tienen cascos.

Corren casi tan rápido como
las cebras.

¿Pueden correr las máquinas?

Un carro anda muy rápido, pero no corre por sí mismo.

Para que empiece a andar, una persona tiene que encender el motor.

Otras máquinas también se mueven muy rápido sobre ruedas o rodillos.

Pero no pueden correr por sí mismas.

¿Pueden correr las personas?

Las personas pueden correr por sí mismas.

Necesitan dos piernas para correr.

Hay personas que aprenden a correr sin tener dos piernas.

Estas corredoras están usando piernas especiales.

Prueba

¿Cuáles de éstos pueden correr?

¡Búscalos en el libro!

Glosario en fotos

basilisco
página 15

dragón de Komodo
página 14

emú
página 9

perezoso
página 13

cascos
páginas 16, 17

Nota a padres y maestros

Leer para buscar información es un aspecto importante del desarrollo de la lectoescritura. El aprendizaje empieza con una pregunta. Si usted alienta a los niños a hacerse preguntas sobre el mundo que los rodea, los ayudará a verse como investigadores. Cada capítulo de este libro empieza con una pregunta que ayuda a categorizar los tipos de cosas y criaturas que corren. Lean la pregunta juntos y miren las fotos. ¿Qué más se puede incluir en cada categoría? Comenten dónde pueden buscar las respuestas. Ayude a los niños a usar el glosario en fotos y el índice para practicar nuevas destrezas de vocabulario y de investigación.

Índice

ardillas 11

basiliscos 15

camellos. 17

cascos. 16, 17

cebras 16

correcaminos. 8

cucarachas 10

dragones de Komodo. . 14

emús 9

leopardos indios 12

pájaros 8, 9

patas. 6, 7

piernas. 20, 21

Respuestas de la página 22

Los **basiliscos**, los **emús**, los niños, las cucarachas y las ardillas pueden correr.

Los carros no pueden correr.

24